JN410538

아직도 곱상한 당신

이병철 시집

국립중앙도서관 출판예정도서목록(CIP)

아직도 곱상한 당신 : 이병철 시집 / 지은이: 이병철. -- 부산 : 푸름사, 2016
p. ; cm

ISBN 978-89-94839-15-8 03810 : ₩10000

한국 현대시[韓國現代詩]

811.7-KDC6
895.715-DDC23 CIP2016013242

아직도 곱상한 당신

·

2016

아직도 곱상한 당신

이병철 시집

■ 시인의 말

먼 산 그리매 눈부신 역광 옆에 수평으로 선 노을이 참 아름답다.

작고 큰 능선 무리를 거느린 우람한 산의 기상과 위엄이 조화가 되어 마치 선경의 한 누리처럼 그 모습이 너무 감격스러워 잠시 넋을 잃는다. 현란한 노을이 온 산을 장식하고 있다. 이제 얼마 있지 않으면 소멸할 자취와 흔적을 보며 우울처럼 오는 감회는 하나의 자연으로 치부하기에는 너무나 소회가 깊다. 여余의 한 시절은 어디쯤 왔을까, 스스로 마음을 달래도 눈시울이 붉어지는 것은 왜일까?

가을비 추적추적 내리는 날, 꼭 그런 날이 아니더라도 문득 무언지 모를 막연한 허전함과 함께 어떤 그리움이 일어날 때가 있다.

여余는 그 어떤 그리움을 "님"이라 표현했다.

그 "님"이란, 고향의 골목길일 수도 있고 다시는 올 수 없는 청춘일 수도 있다. 때로는 어릴 적 친구일 수도 있고, 사랑하는 아내일 수도 있다.

우리 부부의 한 생애는 더할 나위 없는 운명이었을까?

가정을 지극히 아끼며 사랑하던 아내, 그 아내가 병든 몸이 되었다니, 병든 내사內子를 놀아보며 무엇을 할까 생각해 본다.

아내를 사랑하는 마음으로 여余의 내면內面을 상재上梓한다. 다만 졸작拙作을 부끄러워할 따름이다.

2016년 6월

저자 이 병 철

차례

제1부 아직도 곱상한 당신

제2부 흐르는 시간의 교훈

제3부 바다에서 찾는 꿈

제 4 부 봄은 오지 않았는데

제5부 빈자貧者의 고독

제 1 부

아직도 곱상한 당신

아직도 곱상한 당신

앞뜰 샛분홍 자산홍이
보란 듯이
꽃망울 터뜨렸을 때
하, 그리도 좋아하던 아내
샛분홍 고운 얼굴이 상기되어
함박웃음 웃고 있었지
아마도
봄이 무르익어 가노라고
맑은 소녀처럼 좋아했었지

앞뜰 노오란 국화꽃에
때 이른
찬 서리 내렸을 때
하, 그리도 아쉬워하던 아내
곱던 얼굴에 세월이 내려
수심 깊은 얼굴이었지
그렇게
또 한 해가 저무노라고
눈시울 수줍게 붉혔었지

내 사랑은

살을 찢는 아픔으로 해가 떠오르고
성난 파도가 분을 못 이겨 울컥이며 몸부림쳐도
그 순간이 지나면
언제나 그 모습이다, 수평선은
너를 사랑하는
내 마음처럼,

해무가 앞을 가리고
성난 바람이 거센 물결을 일으켜도
그 순간이 지나면
언제나 그대로다, 수평선은
너를 사랑하는
내 마음처럼,

꼭두각시의 슬픔

배우는 한번쯤
길을 놓고 헤매고 싶은데

지구라는 몹쓸
무대에서 탈출하고도 싶은데

관객의 손가락질
그것이 두려운 배우는

대사도 않고 몸짓도 없이
그냥 멍하고픈 때도 있다는데

가끔은 아무데서나
거침없는 짓거리도 하고픈 때도 있다는데

어제도 오늘도
또다시 대사 속으로 빠져들고

그리곤
남은 온종일 홀로 눈물로
오늘 하루의
궁벽한 지도를 그린다

먼산바라기의 전설

언제나 말없이
먼 산 바라보듯 한눈팔며
때로는 혼자 웃고
가끔 혼자 히죽대고 중얼거리며
누군가 다가서면
외면하듯이 슬며시 피해버리는 그

늘 스스럽고* 타태하며*
배냇짓처럼 옹알거리는 모습
가슴에 무슨 생각 들었을까

사람이 싫어
세상이 두려워
가슴 속 깊은 응어리로 남았을까

세상 짓이기듯 퍼붓던 비
물 구경하는 사람들 보기 싫어
먼 산 보듯이 한눈팔다
그만 생명의 끈 놓친 그

그날 이후
사람들은 "먼산바라기"라 이름하였다

*친분이 그리 두텁지 못하여 조심스럽다
*열심히 하려는 마음이 없고 게으르다

외로움이 정겨움 되어

아무도 찾는 이 없고
그리워할 사람조차 생각나지 않는 날
전화기에만 잔뜩
신경 쓰이는 날 오후

외로움이 쌓여
깜박 졸다 만난
꿈속 그녀와의 정겨움에서
언뜻 잠이 깨니

그 일없이 외롭던 마음이
잠시나마 정겨웠던 건
왜일까

이미 외로움에 지친
쓸쓸한 이 마음-
그건 가을의 잔인한 유혹인 걸

아내의 소리

잠시 동안만 안 보여도
소리 내어 찾는 아내
그립다는 소리

하지만 곁에만 있으면
또 다른 소리
온갖 잔소리

어쩔 수 없나 봐
아내와 나는

겨울 목로주점

늦은 밤 목로주점
길손이 들어서고
찬바람에 더욱 수줍은 뿌연 백열등
깜짝 놀라
졸린 눈으로 흘겨보는 주모

태곳적 신비를 간직한 그의 등짐
연탄난로 위 미리내 되어 흐르는 김
삐걱거리는 목로 위엔
철 지난 유행가 가락
흘리는 구식 라디오가 삐걱이고

말없이 돌아앉은 나그네 등에
주모의 졸린 눈이 꽂히고
한잔 술 간절한 나그네 주린 배
구슬픈 유행가 가락
길손의 젖은 눈이 애처롭다

모과나무 자존심

둥글고 노란 달에
울퉁불퉁 험집 지었다

험집에서 흐르는 육즙
시큼텁텁한 그 맛

세상 눈총 아프고
빈정 많은 눈총에
뒤틀리는 마음의 일상

고독을 견딜 만큼
두껍지 못한 심장으로
하루를 지탱하는 건 오로지 믿음의 힘

새벽잠 같이
달콤한 향에 취한 달
송이송이 별 닮은
연분홍 함초롬한* 꽃

조용한 믿음으로
뒤틀린 심사 밀어내고

억세고 모난 별난 인물이사
오늘도 남모르게 미소짓는다

* 담뿍 젖어 있거나 어떤 기운이 서려 있는 모양이 차분하고 곱다

이런 노후

봄꽃 피더라도
너 없이 핀 꽃
무슨 의미가 있으리

남은 인생
회색이면 어떻고
푸르면 어떠냐

둘이서 손 맞잡고
한마음 한뜻으로
가면 그만인 것을

도시의 하루

모난 상자 속의 우울
하늘마저 피곤하여
회색빛으로
가슴 속 응어리진다

한소끔 심호흡
도시의 허공에 우울처럼 낙서하고
귓가 맴돌던 적막
하오의 엷은 햇살과
겨우 손잡으면

구름 속 무지개 같던
도시의 꿈
밤의 소음 속에
마침내 불잉걸 되는 이 하루

황혼길에서

산마루 칠부 능선 중마루
올라온 자드락길 굽어보니
후회란 놈
게꽁지 붙들 듯 따라붙는다

아망스런 자드락길
지둥치듯 오를 때
후회란 놈마저 없었다면
어찌 말벗이나 있었으랴

저 건너 산마루 바라보니
저녁놀
빛 거두려 하고
산 아래 초가집 저녁밥 짓는 연기
버드나무에 걸려 밤안개 되려 하니
차라리 어서 내려가
광대춤이나 추어보자

이루지 못한 꿈

꿈 찾아
어느 날
감싼 그늘 부수었더니
조각난 햇살 아래
그림자 참 힘겨웁다

손 내밀어 잡으려 하나
뜨거움에
움츠려드는 손

잡힐 듯 잡히지 않는
아쉬움에
아픈 마음이 가슴 후빈다

형체 없는 그늘 아래
햇살만 뜨겁고
어느새
사라진 그림자
어디서 다시 찾을까

생명선

한 생애의 그림자들
그대 낮은 물음 곁을 지난다
머나먼 윤회
시방 우리는 어디쯤 왔을까
최초의 분별 아득한 곳으로
그대와 내가 서로 만나
더디게 오는 인생길을 헤아리며
더욱 큰 축복을 인연하며
살아온 지고한 한평생
우리 서로 원망하지 말기
더욱 큰 것을 짐지고 고통으로 살아온
이들도 많은데
우리는 그래도 사랑의 은혜로 함께 저물었지
서로를 의지하며
좀더 안정한 곳을 배려하며
서로의 이름을 부르며
하루의 생명선을 지키지
서로를 배려하며 24시를 온후하게 보냈었지

세월의 끝

어느새
흐르는 강 되어
여기까지 와
아직도 흐를 날
얼마나 남았는지
가끔씩 돌아보며
가슴에 여한이 되는데

그래도
고인 물처럼 되어서는
안되지
그렇게 가야할만치 가
드넓은 곳 되어야지
그대—
거기가 어딘지는 아직은
생각지 말자

아직도 아내는 수줍어

긴 시간 한 세월 함께한 아내
단둘이 있을 땐
서로 말 없어도 한없이 편안한 마음

동그마니 작은 얼굴 웃고 있을 땐
손 한번 잡고 싶지만
왜 그리도 머쓱한지

용기내어 가만히 두 손 맞잡으면
웃고 있던 얼굴 발그레
그때 그 시절 설레던 시절처럼

봄비 1

마음의 창에 그어진 빗금
권태로운 일상에 지친
내 삶 문득 흔들어 놓는다

곱고 맑았던 마음
겨울의 삭막함에
나태함으로 드러누워 버릴 즈음

오직 관심이 사랑이라며
마음의 창 두드리는 빗방울
사랑으로 맞이하고
행복 한아름의 그리움의 빗물된다

제 2 부

흐르는 시간의 교훈

아내의 사랑법

아내의 잔소리에
기가 차 웃었더니
웃는 모습 쳐다보던 아내
멋쩍어 하며 따라 웃는다

무안한 마음인지
얼굴에 피는 싱그러운 홍조
젊은날의 자태 새롭다

내 삶의 버팀목 되었을
그 애정 어린 잔소리

죽을지라도

기다림에 지쳐
그리움 가득하네요

참을 수 없어
하하얀 들길 따라
멀고 먼 길 떠나려 채비합니다

지쳐 쓰러질지라도
아무도 원망하지 않으렵니다

눈 아프도록 헤매다가
설사 맹인이 될지라도
그리움 찾는 나그네처럼 당당하렵니다

행여 님 만난 기쁨에
가슴 터져 죽을지도 모릅니다

님 없이 산다는 건
겨울날 시린 돌덩이 같은
공허만 느끼는 기분일 테니까요

언제 어디서나
햇님 별님 마중하는 그곳으로
아무 소망 없이 편히 길 놓으렵니다

흐르는 시간의 교훈

세월 가는 소리
수레바퀴처럼 끝없이 반복되며
하루를 깨운다

오늘이 힘겹다고
추억만 먹고 살 수 없으며
흐르는 시간 아쉽다고
붙들 수 없는 세월

지난 시간은
언제나 우리의 스승이었고
기억 속에서 지워진 세월은
때론 모진 아픔이었지만
망각이라는 또 다른 선물이었나니

힘겨운 오늘
얼뜨게 잡으려 말고
가는 시간에 가만히 맡겨둠이
또한, 일없지 않겠는가

겨울이 힘들지 않다면
어찌 오는 봄
기다려지리

생生의 허무함

가을비 을씨년스럽게 내리는 날
허공을 맴도는
가을의 전령인 단풍
아름다운 자태에도 생명 다한
육신이 부서지는 소리

새 생명의 경이로움으로 태어나
아름다움을 한껏 뽐내더니
윤회의 세월을 어쩔 수 없이
땅으로 돌아가 흙이 되어야 하는 운명

아–,
알듯, 아무도 모르는 일생
누구냐,
지친 단풍잎처럼
궤도를 이탈해 허공을 맴도는 이

지혜의 길

길이 좋은 건

말없이 온갖 사연
실어 나르는 그 모습이

무거운 삶 실어 나르고도
말없는 그 모습이

그래서 길이 좋다

언젠가
우리도 길이 되어
삶의 지혜 남길 것이기에

먼 훗날
누구라도
따라 걸을 수 있는 그 길이기에

자화상

저기 가는
저 나그네 같은 사나이

홀로 이 어깨가
한껏 무겁다

세상 온갖 시름
다 짊어진 듯한 그 어깨

처진 그 어깨 위에
세월의 애환이 묻어 있다

왠지, 이제 막
일흔이 된 듯한 그 사나이

혼자 걷는 여윈 어깨가
어쩌면 나의 자화상을 닮았구나

아내를 여행 보내고

늦가을의 유혹에 못 이겨
가을비 소소하게 내리는 날
늦은 가을을 걷고 싶다며
무심코 여행 떠나는 아내

겨울 오는 길목에서
세찬 강물처럼 흐르는
가슴 속 감포름한 물결의 유혹을
뿌리치지 못한 아내

아쉽게 떠나보내고
외로운 마음으로
빗물에 질척이는 어둠 속에
웅크려 이부자리 편다

가슴에 고이는 빗물 떨치며
가는 계절의 끝자락
한껏 품에 안고 돌아오기를 기다리는
달무리 이슥한 밤

도심 풍경

도심에 나가면
사뭇 다른 풍경들
아스팔트와 시멘트 천지들
오가는 사람마다 잔뜩 찌푸린 얼굴들
우울을 닮은 표정들

유순한 이파리 닮은
사람들 하나 없다

온전한 새소리 하나 들을 수 없는 삭막한
매캐한 연무 사이로
숨쉴 틈도 없이 오가는 차들의 행렬

문명에 귀먹고
문화에 눈멀어

푸른 숲 우거진 내 삶터로
걸음을 재촉하는 한나절

기차를 타고

불빛 스치는 창밖으로
옛 시절의 기억들을 찾아보지만

검회색 연기 심하던
그 옛날 추억은 보이지 않고

그때나 지금이나
기차는 헐떡이고 있을 뿐

해무海霧

땅과 하늘을 아우르며
잡힐 듯 잡히지 않는
그 여린 숨결
태양을 밀어내는 강한 힘을 가진
바다의 또 다른 강인한 흔적

저만치 새벽은 동터 오는데
태양은 아직도 놀라 숨죽이고
희미한 어둠 속
갈 길 바쁜 사람들은
노동의 길 찾아 흐느적거리고

여린 듯 강한 바다의 숨결
차오르는 생명의 올곧은 뿌리들
한바탕 질펀하게 놀고는
바다의 흔적 숨긴 채
마침내 하늘의 그늘로 스며드는

다섯 번째 계절

겨울, 그건 지붕마루에 매달린 처량한 달빛
두꺼운 살갗을 헤치고
심장의 고동마저 얼게 하며
어둠의 장막만 허공에 가득한 계절

여름, 그건 나뭇가지에 내려앉은 불덩이
검은 살갗에 매달린 거미손으로
찐득이는 물기를 가슴 깊이 밀어넣고
구겨진 얼굴에 땀방울만 도배하는 계절

절굿공이가 되어 가슴에 내려꽂히는 고통마저
여신의 손처럼 받아주고
절망으로 허물어진 가슴을
고향의 넓음으로 어루만져주는
언제나 따뜻하고
순서 없이 기다려주는
그건, 아내라는 이름의 계절

아, 아내 있음에
두 손 모아 받들 수 있는 계절

하회마을에서

옛 선인들의 선유줄불놀이
보이지 않고
삼신당 신목 영험소리만
귓가에 머문다

내 이어 세도했다는 말
들리지 않고
양진당 이래로 대 이었다는 소리
귓가에 집 짓는다

삼신당 신목 찾아
며늘아기 배태 염원하며
굽이치는 강물에
간절한 마음 띄운다

울적한 마음 뒤돌아보니
천 년 고택의 바람 소리
갈 길을 배웅하다

고향생각

눈 감아도
깜깜한 어둠 속일지라도
언제나 환영처럼 떠오르는 추억

은비늘같이 하얗던 모래밭
수정알같이 구르던 강물
푸른 꿈처럼 하늘 맞닿은 미루나무 숲

걸어도 걸어도
멀기만 하던
강변 오솔했던 길

아,
그리운 남강의
그때 그 시절
옥빛 강물

그 꿈 어디에

살아온 세월만큼
먼먼 시간 흐른 지금
굳이 청운의 꿈 아니더라도
동화 속 파랑새같이
아름답던 꿈
간직한 때 있었지

아, 피어나는 함박꽃같던
그 꿈 어디에
다시 한번 찾을 수 있는
꿈이었다면
차라리 아름답다고 아니 하리

다시는 찾을 수 없는
그 꿈
꿈, 꿈속에
피 흘리는 생시의 마음

갯마을 애환哀歡

어제 얘기로 마음 아프고
내일 꿈꾸며 가슴 벅차하며
바다에 기대어 살 수밖에 없는
저, 순박한 사람들

저들의 사랑 하늘에 매여 있고
바다에 매여 있는 그들의 삶
어찌 외면하리, 차마 바다인들
오… 운명에 따르는 저들의 사랑과 삶

때로는 으르대는 바다
갯마을 슬픔 무겁고 깊게 하니
바다여,
너의 고약한 으르댐이 갯마을의
애환을 수장水葬하는 장송곡이냐
영혼 달래는 회심가더냐

갯바람이여
갈바람이야 거짓하고
바다를 물어뜯지 마라

갯마을의 사랑과 삶
사위지 않고
오래 불잉걸 될 수 있도록

까치둥지의 슬픔

미루나무에 걸린
까치둥지 뒤로
텅빈 하늘만 남겨둔 채
시간과 함께 달마저 떠나고
달빛 없는 스산한 둥지
다만 하늘의 공백을 메울 뿐
외로움이 천근 무게로
둥지를 누른다

달마저 떠나
스산한 까치둥지엔
새끼까치 돌아오지 않고
홀로 된 어미까치
오래된 세상 이야기들로
오롯이 전설이 되는데
새끼까치 떠난 둥지
어쩌면 이 시대의 외로움처럼
을씨년스럽구나

제 3 부

바다에서 찾는 꿈

여름 소묘

늙은 감나무 아래
반쯤 남은 그늘 이고
아랫도리 내놓고서
꽃잠 자는 아이

부서진 토담집 아래
암탉은 모이 찾고
복슬강아지 장난에
못마땅한 수탉의 날갯짓
놀란 까치들 초가지붕에 야단법석

바다에서 찾는 꿈

소년은
먼 바다에서 꿈 찾지만
어느새 파도와 함께 사라져
모래톱으로 숨어버린 꿈
어디에서 찾을까

폭풍우 휩쓴 뒤
파도가 다시 실어와
아름답진 않지만
아버지 말씀
이제야 깨달은 소년

소년아,
저 멀리 수평선의 까치놀같이
아름다운 만큼
허망함에 더욱 가슴 아팠더냐

아서라,
이루지 못해
천년 두고 가슴 저며 아픈
그 꿈이 진정 꿈이어라

소년아

박물관 다녀와서

흑백사진처럼 보이는
옛그림 속의 신라인
뜻 모를 서글픈 표정
수천 년 시간 너머로 사라졌을 생명

천년 세월 저 건너
현재의 흐름 잠겨 있고
오늘에 천년 손때 묻어 있으니
어제와 오늘이
하나 되는 세월에
얼마나 많은
영혼의 가슴 함께 했을까

조용히 잠든 시간의 강변에
날카로운 마음의 칼날을 세워
시간의 흐름 바로 잡고
올곧은 역사의 흐름이 운행되게 하는 건
오늘의 소임

눈인사로 그를 먼저 보내놓고
천년의 멀고먼 여행 끝낸 듯
발걸음 가볍게 천년을 돌아온다

봄비 2

안개비 안고 님 살며시 오시네
아니 오실 줄 알았는데
어찌 사나 보러 오셨나
님 그리는 마음 변치 않으니
눈물 흘리지 마소서

마음의 창문 두드리니
누가 오셨나 궁금하여
서둘러 창 열어 보았네
님 그리는 마음 변치 않으니
눈물 흘리지 마소서

살며시 오시는 님 모습
한번쯤 안아도 보련만
닿지 않으니 어이하리
님 그리는 마음 변치 않으니
아예 눈물 흘리지 마소서

겨울 오는 소리란

서둘러 낙엽 부서지는
겸연쩍게 눈치 보던 겨울
마지막 남은 잎새 하나마저
찬바람에 시공에 날려보내고

희뿌연 허공을 나래짓하는
철새들의 울음소리
차가운 대지의 밑바닥까지
이미 엄동인데
가슴 아리게 겨울소리 소리들
벌써 먼 강기슭을 지나다

산중 보름달

한 무리 구름 속
온전한 달덩이 들락날락 바쁘고
검은 구름 모여들어
별빛 동무하는 밤
아마도 소낙비 오시려나
빠르게 흘러가는 구름들

바위 사이 흐르는
개여울 어깻숨소리 요란하고
고개턱 중마루
보득솔 언저리 자드락길
모시 속곳 깔아 놓은 듯
달빛 하얗게 여울지는 밤

도시 농부의 기쁨

도시 농부의 땀
기도하는 마음으로 영글어가고
땀 속에 스며있는
인류를 사랑하는 마음
우주를 잉태하고
대지의 품속으로 스며들어

태양의 열기에 영근
대지의 영혼
온전한 정성으로
마침내 거두어 들이는
도시 농부의 마음

결실의
품속으로 스며든
저녁놀 만끽하며
오늘도 기도하는 마음의 행복

암병동

무슨 번뇌 그리 많아
중머리 되었느냐
검은 머리카락 하나 둘 떨어질 적에
회한의 가슴에는
고통의 피눈물이 응어리지고

가슴 저미는 아픔은
죽음의 서막인가
회생의 몸부림인가
삶의 무게를 짊어진 이 아픔
해묵은 한을 토해내려는 긴 몸짓

몸서리쳐지는
암 병상을 넘어서
찔레꽃 붉은 한을 내려놓고
아름다운 삶을 향해
마음의 문을 열어라

육신의 아픔은 신의 영역
인간의 나약함을 깨닫고
삶의 아픔 있는 듯 없는 듯
염화시중拈華示衆의 미소로
비로소 해탈하리

봄비 머금은 동백꽃

님 보고파
흘린 눈물
미리내 큰물 될지라도

빗물 머금은 영혼의 핏줄
한 올 한 올 타래실 되어
님 오시는 길 인도하오리다

오시는 숨결
올올이 핏빛 꽃으로
가슴 깊이 사무치게 새기오리다

지식의 망각

어느덧 강물처럼 흐르는 세월에
점차 젖어든 책들
빛바래어 어둠의 먹물

모서리마다 정갈히
차곡차곡 쌓여 있던 책들
세월따라 온통 헝클어져
어느새 어수룩 해거름같이

아침 햇살처럼 빛나던 책들
벌써 석양의 엷은 햇살 되어
지평선 너머로 노을진 해넘이
내 나이만큼 세월로 저무는구나

영광 있으라, 기장이여

수정알같이 맑은 바다
기장 사람들의 희망이며
삶의 환희를
나누어 주는 바다

때로는 을근거리며 내달아
하얗게 포효하는 그 바다를
토닥거려 안아주는 달음산 일광산
그 자락의 무텅이 닮은 인심을

예전 갯마을의 질곡진 기나긴 세월
바다 깊이 수장水葬 시킨 지 오래고
영광의 내일 향해
신풀이하듯 내달리는
건장한 구릿빛 얼굴의 기장 사람들

축제처럼 후끈히 떠오르는
해오름의 기세
어찌 저 장관의 해의 기상
막을 수 있으랴

오, 기장이여
더 높이 나래를 힘껏 웅비하거라

젊은이여, 큰 꿈 가지라

이랑 지으며 줄줄이 달려오는
장엄한 파도 무리
소망 짐지고 떠난
젊은이의 소식 담았을까

얼마나 많은 젊은이들
피안의 노을 잡으러
바다로 떠났더냐

파도가 울렁거려도
해변에 닿으면
모래톱으로 숨어 숨죽이는데
무엇이 두려우냐

저 멀리 수평선에
노을이 바다를 태우는 것은
젊은이 부르는 춤사위

두려워 마라,
어찌 시련 없이
성공의 축배 있을소냐

기꺼이 바다의 문
두드려라, 거기 너의 소망 한 아름
출발을 예비하고 있을지니

아내와 한평생

돌밭 헤치고
가시밭길 넘어 넘어
때로는
푸른 초원도 지나며
함께한 길

돌아보면
멀리 아득하지만
힘들었어도
가끔은 그리워 숙연한 길

그러나
아직도 가야만 할
곰삭은 머나먼 인생길

대지大地의 꿈

대지의 품속으로 스며든
농부의 땀과 열정
땡볕의 열기에 숨죽이며
마침내 새 생명 잉태하니
그 생명
경이로움으로 다가와
어느 날 비로소
대지의 영혼을 만나는 농부

아, 대지의 영혼은
하늘에 닿아
온누리 끌어안고
새 생명 탄생 꿈꾼다

해변의 명상

가을이 머문 하늘에
이름 모를 새 한 마리
먼 창공을 떠돌다
가이없는 하늘에 구름 동무하며
홀로된 저 새 어디로 가나
내 마음 갈 곳 몰라
저 새 따라서 훨훨 날아나 볼까

가을이 멈춘 바다엔
이름 모를 어부의 배
거기에 저 홀로 떠 있어
외로운 저 어부 하릴없이 무엇 하나
내 마음 갈 곳 없어
저 어부 따라 고기잡이로
덧없는 세월과 함께 하리

나목

살 파내는 아픔 속에
졸음 견디며
홀로 세상의 파수꾼 된다
어지러운 세상은
공중에 수많은 무서운 낱말들을 쏟아내고
힘겨운 나날은
어둠 속에 숨고 싶다

찬바람 매서운 밤에
속살 모두 드러내고
있는 그대로의 모습으로
세상의 거짓을 밀어내고 있다

제 4 부

봄은 오지 않았는데

추억을 닮아가다

먼지 하나 묻을세라
물마를 새 없이 돌보는 항아리들
옛날 가득한 장독대에서
아내는 가끔씩 추억을 만진다

사철 오래된 추억을
하나씩 건져내며
먼 옛날 어머니의 모습을
보듬어 안고 쓰다듬는 아내

그리운 마음은 어느덧 향수로 오는데
그 옛날 수많은 인고의 세월을
어루만져 물걸레질하며
아내는 오늘도 어머니의 모습을 닮아간다

벗어버린 그녀

열기의 땡볕 속
푸른 옷으로 유혹의 손 내밀다
어느새 지겨워

타오르는 불꽃처럼
붉게 치장했지만
시간은 속절없이 흐르고

보헤미안의 시인처럼
고독의 기타를 울리다
그마저 심드렁해져

하나 둘 옷 벗어
궁노루 엉덩이 하얗게 드러내고
검은 숲 헤쳐 버렸지만

그토록 기다린 시선
허공만 맴돌고
나목裸木의 속살만 더욱 차가워

언덕 위 홀로 선 나목
차라리 고고한 기품 뽐내며
긴 겨울 속에
자존심 하나로 설렌다

어느 빈민의 아픔

콘크리트의 긴 그림자 밟으며
숨쉬는 도시의 생명
우수에 젖은 이방인처럼
힘겨운 삶 짊어진 도시인

집시같은 허무의 시간은
도래솔에 갇힌 이름 없는 감옥처럼
무딘 갈등을 챙기며
깊은 절망의 동굴로 이끌고

안개 짙은 햇살
누리끼한 도색으로
지루한 체취 풍기는
불안한 도시의 삶

그 무의미한 삶 속
메워지지 않는 구멍난 가슴
내일 없는 삶의 갈등은
휴식 시간마저 괴로운 생生의 집착일 뿐

아내의 이별 준비

당신 만나
곡절 많은 한세상 살며
그런대로 행복한 삶이었소

길고 긴 세월
부족함 많았던 나
언제나 웃으며 내게 정겨움을 가득 채워준 당신
참으로 미안하고 감사하오

이제 떠날 채비를 하는 당신
어찌 하나 된 울타리를
벗어나 떠나려 하오

비록 주어도 흔적 없고
받아도 흔적 없는 사랑이었지만
요란하지 않고 조용하게
애틋한 사랑의 길 걸어왔지 않소

천천히 준비하구려
바쁠 건 무에요
나 또한 눈물이 앞을 가리지만
준비해야 할 때가 다가오니
아득하기만 하구려

누가 먼저 떠나든지
그때까지 두 손 꼬옥 잡고
결코 놓으면 안 되리다

행여 저 먼 강 건너에서
언젠가 다시 만날 수 있다면
그건 하늘의 축복이리다
그땐 내 손 놓아서는 절대 아니 되오

어느 날 눈 오는 날 소회所懷

눈 오는 날엔 편지를 쓰고 싶어요
그땐 누구나 시인이 됩니다
나도 어느덧 시인이 되지요

하하얀 눈 위에 편지를 씁니다
편지는 눈바람이 배달하지요
굳이 누군가 없어도
그 편지는 따스한 사랑을 불러옵니다

눈 오는 날은 참 따뜻하지요
마음이 따뜻해지기 때문입니다
님의 따스한 사랑이 눈 속에 있나 보지요

그래, 난 그날을
꼬옥 붙들고 싶어집니다

늦게 핀 동백꽃

진정 떠나렵니다
기다리다 지쳐
이제 길 떠나렵니다

하하얀 솜털 구름길 지나
미루나무 늘어선 신작로 여울길 지나
허기진 가슴 채우려 한없이 걸어가렵니다

꿈같은 걸음걸음 사월의 걸음

가도가도 마음 아니 채워지면
쓰러져 핏빛으로
한 송이 붉은 꽃으로 피렵니다

붉게 태우고 태워서
아린 가슴 채우면
핏빛 한 생애도
못 잊을 그리움으로 되올 것입니다

아내의 세월

지난 해 피었던 자산홍
어김없이 찾아와
세월 속 아내의 꽃으로
벌써 봉오리 영글었으니

아, 시간의 흐름 이와 같아라

올봄 핀 자산홍
어김없이 같은 모습인데
아내의 수심 더욱 깊으니
어찌, 흐르는 세월 탓하지 않으리
일손 놓고 하늘 한번 바라보니
온하늘이 자산홍이구려

아내는 정말 바보

이래도 되는 겁니까
정말 되는 거냐고요
자기 죽는 거 걱정 안하고
이 못난 놈
어찌 살런지 걱정에
한없이 눈물 흘렸다나요
산 놈은 어떻게든지
살아갈 건데
무슨 놈의 걱정도
그리 팔잔지
참으로 면목 없구려

아직은 결코 아닌데
도사리처럼 떨어져 갈
자기 생명
불쌍하다는 생각 안하고
이 무슨 내 걱정에 밤을 훌쩍입니까
어떻게든지 살아보려고
애써야 되는 거 아닙니까

남은 세월 기적을 바라보며
신神에게, 함께하는 우리
두 손 꼭 잡고 하나라고 애원해 봅니다

봄은 오지 않았는데

얼마나 님 그리워
긴 겨울날 한마디 말도 없이
저리도 진한 향기 품었을까

동구 밖 발자국 소리
들릴 듯 말 듯
하얀 얼굴 연지 찍고
맑고 잔잔한 미소 담았네

겨우내 님 품어 안는 연습
참으로 바지런도 했나 보다
저리도 진한 향기 품고
매화향 미소 순명처럼 날리는가

가을 편지 1

가을 오면
편지를 쓰리니

사랑향기 그윽한
시詩 보내리니

가을엔
스스로 외로운 가슴 되고

그땐 사랑 가득한
편지를 보내리니

그대 사랑 흠뻑 적신
답신 보내주오

외로운 가을의 가슴
달래주는 '시' 말이오

행여 붉은 상사화 한 송이
함께 보내준다면

종일 향기 맡으려
행복에 겨우리라

퇴원하며

– 간호사들에게

인연 따라 닿은 발길
찢어지는 가슴의 인연이었지만
평온한 마음 되어
그림 속의 파랑새처럼 떠나는
참한 인연 되었는데

우울한 마음
퉁바리 맞은 기분이었던 이 마음
차츰, 하하얀 손길
맑고 밝은 미소로
잔잔한 희망 심어주고

이 생명 언젠간
노을진 낙엽 되겠지만
고마운 마음만은
언제나 그대들 향하고 있으리

오, 천사 같은 맑은 마음
환우들의 꿈과 별이 되게 하소서

님 그리운 자규子規

보름달 속살에
한 줄기 구름 여울

한 소끔 새소리
두견인가 자규인가

천리향 달빛 타고
새소리 노니는데

님 찾는 두견의
애수의 소야곡이냐
못 잊을 그리움인가

짝사랑이란

골목길 돌아돌아
숨바꼭질하던 사랑
하늘 아래
하나 뿐인 사랑이라 생각지만
세월 가다 보면
누구나 다 하는 그런 사랑

'한 점 부끄럼 없는'
파랗다 못해 초록 사랑이라지만
아, 언젠가는
한 줄기 연기처럼
바람처럼 스러질 옛이야기

첫눈 기다리다 지친 마음

솜 눈 하얗게 쌓인
나뭇가지 그리워
긴 꼬리 흔드는 아리새
첫눈 기다려 언뜻
먹구름에 마음 주었더니
저녁 하늘 붉은 그리메
산 너머 소식 없고
갈마바람에 아려오는
마음 달래지 못한 아리새
여운 없는 정적 안고
저녁 하늘 저편으로
그리운 마음과 함께
그만 나래를 편다

난롯불 지피며

신산스러운 겨울 어느 날
고독의 달무리 짊어진
긴 추위 천근 만근 무게로
온 몸에 내려앉는 그 밤

겨울새 울음소리같이 날카로운
낮과 밤의 경계를 뚫고
장작불 지피며
추억을 더듬어 넉넉한 고요함에 잠긴다

에푸수수한 장작더미에
한 소끔 불빛이 우끈하게 일어나자
어둠을 덮은 고독의 여운 속에
가슴에 녹아드는 따뜻한 이 행복감

초월한 삶의 낯선 배경으로
뜨거움에 붉게 익은 가슴은
이 행복한 고독을 새겨안고
삶의 뜨거운 무게
장작불에 태우며 새봄 꿈꾼다

세상 사는 법

손바닥으로 하늘 가리 듯
말 한마디로 세상 진실 가려지는
거짓의 원리가
지배하는 세상 모습

은행나무 하늘 가리지만
그 가장자리 넘지 못하듯
어찌 뜨는 해의 밝은 진실
거짓으로 가릴 수 있으랴

참으로,
사람답게 사는 것이
짧은 세상 사는 웃머리인 것을

제 5 부

빈자貧者의 고독

이런 우연은

그때 그 길에서
행여 우연히 만난다면
정말로 우연히

갑자기 찾아온
그 행운 바보처럼 놓치고
너무나 당황하여

가던 길 그대로 가는
그녀 바라보며
너무나 아쉬워

한숨지을 것 같아
차라리 우연 같은 행운은
오지 않았으면,
절대로

빈자貧者의 고독

고개 숙여 걷는 저 젊은이
손 찌른 호주머니 속에
무슨 생각이

한눈 팔며 걷는 저 아낙네
어깨에 걸린 가방 속에
무슨 생각이

힘없이 걷는 저 늙은이
처진 어깨엔
무슨 생각이

일상日常의 고달픔에
동전 한 닢의 그리운
눈물 젖은 외로움일까

긴 하품 단내나는 이 하루
나의 손은 어디쯤 헤매고 있는가

가을의 서시序詩

가을이 오면
잠시 길 멈추어
가야할 길 더듬어
가슴앓이로 저물고 싶다

침묵의 겨울
멀지 않다는 걸
계절은 은밀히 말하자면
으레 가야할 길
한갓진* 길이고 싶다

초가을의 강물처럼
아스라한 추억 뒤로 하고
날빛* 따스한 길
마파람 가듯
그렇게 한 여로를 열고 싶다

* 한가하고 조용하다
* 햇빛 받아서 온지상에 가득한 따스한 빛

낙엽을 쓸며

햇살에 빨갛게 익은 나뭇잎
높새바람 찬바람에
낙엽 되어 서둘러 떨어지고

흙이 되어 탄생의 밑거름 되려는
작은 소망을 꿈꾸며
가슴에 아려나는 무지갯빛 꿈

날개 없이 나르는 소망을 껴안고
한 가닥 비질로 꿈을 가다듬어
그리워 애타는 고향의 황토냄새

시인의 가슴

언제나 텅빈 가슴
무언가 잃어버린 듯한
알 수 없는 아쉬움 같은
시리고 시려
주체할 수 없는 이 허전함
가득 메울 수 있었으면

아,
시詩말 가득한
은행나무 같은 사랑 하나로

봄 기다리며

예스럽기 부정하던 헌문
헤집어진 문틈 사이로
모질던 찬바람 가뭇없고*
발가벗었던 나뭇가지엔
어느새 솜방망이 새순 함초롬한데*

어서 어서 솜털 벗고
백도白桃 속살같이 탐스런
하하얀 목련 터뜨려
저만치 오는 봄
손짓하여 재촉하려무나
온세상 하나 되는 순백의 날 기리며

* 흔적이 조금도 없다
* 담뿍 젖어 있거나 어떤 기운이 서려 있는 모양이 차분하고 곱다

가을 해변 걷는 연인의 이야기

한여름 열기
사라진 해변
수많은 연인들 발자취마다
새겨진 이야기들
허부함만 남긴 체
여름 바다는 잊혀지고

어느덧
가을볕이 졸고 있는 해변
목화솜같이 하하얀 모래밭에
조용히 가고 있는 네 발자국
해변의 졸음 깨울세라
나지막한 이야기들
새록새록 피는 모래밭

발자취마다
또 허무한 사연 새겨 놓고
겨울 바다로 향하는
그 얘기들

조용 조용한
가을 바다

민들레의 소망

작은 길모퉁이 한켠에
겨우내 모진 바람 견디며
낯선 발길에 채여도
참아온 건, 참아온 건

새봄 되면 꽃피우고
은비늘 조각조각 분신
넓은 세상 찾아가라고
미풍에 날려보낼 꿈꾸었더니

더 넓은 세상 찾아 떠난
조각조각 은비늘 새삼 그리워
뜨거운 햇살 노오란 아픔 참으며
견뎌온 건, 견뎌온 건

어디 어디 자리잡았는지
소식 듣고픈 목메인 기다림인데
지금쯤 어느 길모퉁이
모진 발길 채이고 있는지

꽃샘 봄비

엊그제 핀 목련
지난 밤 봄비에 피멍 들었네

피멍 들었다 한들
봄 아니 오리오 마는

반가운 봄비라 했더니
시샘하는 봄비의 넉살이었구나

시샘하는 질투심 싫지만
천지의 섭리를 어이 하리오

가을비 우산 속

아스팔트 구르는 가을비
가슴의 작은 구멍으로
여울 되어 흐르는데
고인 물 같은 시간 속에
차마 떠난 님 놓지 못하고

우산 속 갈마 드는 그리움
흐르는 여울에
헹구어 안고
휘파람 한 소절로 외롬 달래며
가을비 함께 걷는 머나먼 회상

친구의 귀천歸天 소식 접하고

비웃음 손가락질에도
오히려 이해할 수 없는 당당한 언행
서슴치 않던 그

힘겨운 삶에 대한
고뇌 어린 반항으로
수미산 오를 듯 언제나 바람이었던 그

발가벗은 겨울산처럼
고독했던 삶의 언저리 떠나
우수에 침몰한 이방인같이
어느 날 훌쩍 떠나버린 그

이 여운 없는 넋두리
진한 그의 체취처럼
마음의 짐 되어
더욱 그리워지는 그

저 세상 어딘가에서
한번쯤 만나자는 말도 없이
돌아올 수 없는 강 건넜다니
오호라,
그렇게도 아쉬운 마음 서로에게 남겨두지 않으려
묵언으로 떠났구나

하행선

비는 몇 시간을 줄기차게 내리고
상행선 열차와 하행선 열차는
기적소리로 서로 화답하고

붉은 강물에 반쯤 몸 담근
은사시나무들이 손 흔드는
물금역 부근
아릿하게 젖어오는 상념은
이내 눈자위를 붉게 물들이는데

보리밭 둑길에 물꼬를 트는
늙은 농부 하나
안개숲 근처에서
처절한 삶의 고행을 원망하듯
가끔 비와 섞인다

오늘도 허물을 벗지 못하는 열차는
저 혼자 소리로 떠나고
빗소리로 머문다

그리움

흙먼지 이는 신작로에서
마주보며
미소짓던 청순한 그 모습

까치놀 석양빛에
은비늘처럼 물들던 그 얼굴

행여 한번 볼 수 있다면
다시는 아니 그리워할 것을

나,
죽기 전에
그대여 다시 한번

가을 편지 2

그리움 하나
띄워 보낼 걸
괜히 붙들어 놓고
가슴앓이 하나

못 잊을 그리움 하나
보내준다면
반가운 마음
맨발로 뛰어나가 맞을 텐데

가는 그리움
오는 그리움
서로 만나
다시 하나 된다면
가슴앓이 않을 텐데

가을 편지 3

님 찾아 떠난 마음
수만 갈래 조각 되어
허공을 맴돌다 맴돌다
지쳐 떨어져
가랑잎 되오리다

낙엽 되어 떨어진
갈갈이 찢긴 가랑잎이라도
님의 손길 닿으면 닿으면
참다 못해 울먹이며
그 손길 안에 머무는
당신의 향기로 영원히 살으렵니다

연인

허공의 아련한 그리움
그리움은 외로움 되어
한 세월 가는 길목처럼
가슴속 작은 멍울이 된다

죽을 때까지
심장보다 더 깊은 조바심으로
비밀의 문을 잠그는
행복한 외로움 된다

하하얀 꿈을 꾸다가
멈추어 버린 그 그리움
그건, 향수의 강물처럼 출렁이는
연인이란 파도가 되어
영원 속에 간직된다
하나의 불멸처럼

| 해 설 |

– 이병철 시인의 시세계

서정적 발아의 촉매제가 이룬 상징시편

시인 최 창 도

– 이병철 시인의 시세계 –

서정적 발아의 촉매제가 이룬 상징시편

시인 최 창 도

우리가 가지는 과거와 현재와 미래는 그 사람의 인성과 품성에 근거한 표준으로 우리도 모르는 사이에 회상과 소멸, 복원의 여러 유형으로 우리들의 일생에 직간접으로 영향을 미친다. 이때 갖는 감성과 심성의 깊이는 서정적 발아의 근원으로 표징된다.

우선 이병철 시인은 온후하고 기품 있는 모습에 점잖고 남을 우선 배려하는 말이 없고 통큰 모습의 성격을 가져서 모두에게 호감을 갖는다. 그의 시도 조용하고 여린 것 같지만 내용적 깊이와 새로운 시어를 창출하는 대담성에 우선 그의 깊은 통찰력이 성품과 면밀한 감성이 하나의 하모니를 이룬 것 같다. 이제 그의 시를 감상해 보자.

앞뜰 샛분홍 자산홍이
보란 듯이
꽃망울 터뜨렸을 때
하, 그리도 좋아하던 아내
샛분홍 고운 얼굴이 상기되어

함박웃음 웃고 있었지
아마도
봄이 무르익어 가노라고
맑은 소녀처럼 좋아했었지

앞뜰 노오란 국화꽃에
때 이른
찬 서리 내렸을 때
하, 그리도 아쉬워하던 아내
곱던 얼굴에 세월이 내려
수심 깊은 얼굴이었지
그렇게
또 한 해가 저무노라고
눈시울 수줍게 붉혔었지

———「아직도 곱상한 당신」 전문

전반부, 후반부 각 9행으로 구성된 이 시는 탄력적 언어 재련미와 시의 내재율은 물론 음위율 즉, 시의 일정한 위치에 일정한 음을 규칙적으로 배려하는 리듬까지 운용한 시인의 시적 조율 솜씨가 단연 빛나고 있다. 꽃과 아내를 상징적으로 합일한 것과 젊은 날을 회상하는 과정은 하나의 시너지synergy 효과도 함께 지닌다.

그리고 1연의 결구 〈맑은 소녀처럼 좋아했었지〉와 2연의 결구 〈눈시울 수줍게 붉혔었지〉로 명징지은 것은 서정적 하모니를 살린 배려와 함께 서정시의 정수를 보듯 눈부신 결어이다. 한세상을 얼추 함께 산 황혼의 부부가 온갖 난관과 시련과 각고의 생활 속에서 서로의 마음을 읽고 고운 정 미운 정으로 오붓하게 마주앉아 함께한 인생살이로 서로를 더욱 이해하고 돈

독하게 지난 세월을 읽으며 의미 있는 한세상을 추론하는 것은 그리움과 사랑의 극치미가 아니겠는가. 이때 시인은 언젠가 아내와 마주한 추억을 꺼내 필름처럼 재생하며 회상하는 그리움을 시적 화자로 운용하고 있다. 나이와 연대를 떠나 꽃을 좋아하는 부부는 서로가 너무나 닮아있다. 전반부는 샛분홍, 자산홍을, 후반부는 노오란 국화꽃을 도입하여 아내가 그 좋아 하는 꽃들을 보며 흡족해 하는 정겨운 모습을 떠올리며 아직도 꽃을 보면 수줍은 처녀 때처럼 맑고 수심깊은 표정과 마음을 배려한 시인의 눈부신 혜안이 참으로 지고한 맑음의 순정처럼 빛나는 시이다. 나이를 떠나 너무나 아름다운 함께 가는 동행의 황혼의 부부애를 보는 것 같아 우리 스스로를 감격케 한다.

주제를 꾸민 소재와 시행, 시어 하나 하나를 너무 시의적절한 적재적소에 도입한 시인의 솜씨가 참으로 빼어난 시이다. 이렇듯 공감이 가는 서정시의 맥락을 황혼의 부부애를 도입하여 내자內子를 사랑하며 과거를 회상하며 현재를 챙기는 시인의 마음은 분명 현자賢者일 것이다.

참으로 오랜만에 서정시의 진수를 보는 것같아 깊은 감동을 느낀다.

살을 찢는 아픔으로 해가 떠오르고
성난 파도가 분을 못 이겨 울컥이며 몸부림쳐도
그 순간이 지나면
언제나 그 모습이다, 수평선은
너를 사랑하는
내 마음처럼,

해무가 앞을 가리고
성난 바람이 거센 물결을 일으켜도
그 순간이 지나면
언제나 그대로다, 수평선은
너를 사랑하는
내 마음처럼,

———「내 사랑은」 전문

이병철 시인은 우선 시적 기본과 기교가 어느 정도 완성된 시인으로 보인다. 그만치 충실한 습작기를 가졌다는 뜻이다. 시행과 시어들을 자유자재로 조율하여 내밀한 구성적 발상과 함께 유효한 시어들을 배분하는 높이와 시적 내용미를 발효 숙성하는 과정이 대단한 수준을 유지하고 있다고 보여진다.

이 시도 비교적 짧은 12행의 시이지만 전반부 2연과 후반부 2연을 제외하면 시적 수사와 묘사는 거의 동일하다. 다만 전반부의 4연의 〈언제나 그 모습이다, 수평선은〉과 후반부의 4연 〈언제나 그대로다, 수평선은〉에서 도치법 형식으로 〈그 모습이다〉 〈그대로다〉만 시행을 달리함으로써 대단한 효과 창출을 도모하고 있다.

시가 무엇인지 어떻게 시적 배열을 함으로써 비교우위로 더욱 빛나는지를 이미 알고 있는 큰 시인으로 보인다. 그 효과적 의미와 결과를 이미 감지하고 있다는 뜻이다. 직유법으로 변화variation를 준 이 시의 화두는 전반부 3행 〈언제나 그 모습이다, 수평선은/ 너를 사랑하는 내 마음처럼,〉 후반부 3행 〈언제나 그대로다, 수평선은/ 너를 사랑하는/ 내 마음처럼,〉이다.

다시 말해서 어떤 때 어느 시기, 어느 순간이라도 당신을 위한 그리움과 사랑은 오직 저 변하지 않는 수평선이다, 라고 온 천지를 향하여 포효하는 당당하고 진솔한 사랑임을 더욱 심금을 울리는 참사랑으로 언제나 바람 불고 비 오고 폭풍우와 눈이오더라도 그때가 지나면 그대로의 수평선처럼 내 마음은 언제나 변함없는 당신의 것, 당신을 사랑하는 일편단심이다라고 온자연을 향하여 소리치는 시인의 감동적 수사미는 30대 청년의 기개 바로 그것이리라. 이처럼 숭고하고도 아름다운 사랑, 온세상을 향해 외쳐도 더욱 당당한 마음을 가질 수 있는 사랑이 이 세상에 얼마나 되랴. 시적인 발상과 구성, 알맞은 소재를 선택한 시인의 눈높이에 감탄할 따름이다.

배우는 한번쯤
길을 놓고 헤매고 싶은데

지구라는 몹쓸
무대에서 탈출하고도 싶은데

관객의 손가락질
그것이 두려운 배우는

대사도 않고 몸짓도 없이
그냥 멍하고픈 때도 있다는데

가끔은 아무데서나
거침없는 짓거리도 하고픈 때도 있다는데

어제도 오늘도
또다시 대사 속으로 빠져들고

그리곤
남은 왼종일 홀로 눈물로
오늘 하루의
궁벽한 지도를 그린다

——「꼭두각시의 슬픔」 전문

여기서의 '꼭두각시'는 인생, 즉, 인간을 말한다. 우리는 누구나 틀에 얽매여 산다. 그래서 흔히들 공중을 나는 새들을 비교하기도 해보지만 자유자재로 마음대로 규범에서 일면 자유로워지고 싶은 마음과는 별개의 뜻을 지닌다.

또는 평화나 지속적인 나이와 환경과 분위기를 무시하고 자유분방하게 행동하고 싶은 일종의 탈자기를 꿈꿀 때는 태생적 인간의 삶을 개척한 터전을 보면 일면 이해가 될 때가 있다.

그러나 인습의 굴레에서 남을 의식해야 하고 나이의 우선과 인생의 큰일을 따라야 하고 자신의 위치를 도모하기 위해서는 인식의 깊이와 언행과 품행을 가져야 비로소 인간으로서의 주체적인 구실을 할 수 있고, 남에게나 사회에서 인정받는 하나의 존재가치를 가지는 것이 사실 인간이 아닌가. 더구나 문명사회에서는 더욱 제한적인 우리의 활동은 늘 체념적 관계에서 하나의 교양적 숙명론으로 존재가치를 지닌다.

하나의 이율배반적인 사회를 고발한 시로 자기 마음대로 인식하지 못하는 이 사회를 풍자하며 어쩌지 못하는 상태를 자기위안으로 궁극에는 인정하는 결구가 호소력을 지니는 시이다. 〈그리곤/ 남은 왼종일 홀로 눈물로/ 오늘 하루의/ 궁벽한 지도를 그린다〉에서 우리 현실에 대한 현존의 상태를 인정하고 심기일전하는 모습과 현실을 도외시할 수 없는 운명론에 동조한, 그 안에서의 자취와 흔적으로 최소한의 생生을 살려는 인간본심을 그리고 있다.

우리가 하나의 행복과 이상론에서 탈출하여 이기주의를 표본으로 각자의 삶의 표본과 이상론에 집착한다면 이 사회는 결코 비참하게 도태될 것임은 분명할 것임은 자명한 일이 아닌가. 어느 날 시인은 자기가 집착하는 것과 현실론과 이상론의 차이와 현실적 후유증을 고뇌하며 방황하는 자신의 자화상을 꼭두각시에 비유하며 풍자satire 유화한 시이다.

참고적으로 순간적으로 지금의 현실적 상황의 시대를 한번쯤은 탈출하고 싶지 않은 사람은 이 세상에 어디 있겠는가.

봄꽃 피더라도
너 없이 핀 꽃
무슨 의미가 있으리

남은 인생
회색이면 어떻고
푸르면 어떠냐

둘이서 손 맞잡고
한마음 한뜻으로
가면 그만인 것을

———「이런 노후」 전문

불과 9행인 이 시는 일반적인 단순한 생활시 같지만, 또한 우리들이 남의 일같이 누구나 한번쯤은 언급하는 내용적 의미를 거느리고 있지만 우리가 보통적인 정신적인 나이를 지나 이미 칠순을 앞둔 상태 같으면 의미가 달라진다.

산전수전의 고통과 절망과 시련과 인내를 다한 부부의 일생에서 미운 정 고운 정으로 평생을 함께한 부부도 언젠가는 한쪽이 먼저 여생을 달리하기 마련이다. 그리고 혼자의 몸으로 남은 여생을 산다면 이 세상에서 결코 좋은 것이 어디 있겠는가. 절대적인 희망사항이 아니라 더불어 함께하는 인생에서 서로의 화목과 친화, 그리고 존경과 신뢰가 서로의 가치를 존중하며 한평생을 함께한 부부는 인간애적 외에 운명론과 숙명론과 마주하는 것이다. 그것은 하늘이 신神이 점지해 준 두 사람의 하나의 일체인 것이다.

아무리 좋은 꽃을 보아도 혼자 보면 무슨 의미가 있겠는가 하며 시인은 부부애의 한 축을 언급하며 지고한 의미를 부여하고 있다. 차라리 그럴 바엔 3연의 〈둘이서 손 맞잡고/ 한마음 한뜻으로/ 가면 그만인 것을〉 하며 애써 절규하고 있는 것이다.

감동emotion이 우선하는 이 시는 보편적인 쉬운 시어로 과장법이나 인용법 없이 점점 내용미를 강하게 표현하는 점층법 형식으로 마무리 짓고 있다.

직유법인 이 시는 하나의 자연적이거나 필연적인 이치론의 상관관계를 부부애를 거론하며 명시적인 노후를 거론한 변별력이 나의 이치적인 계산법을 떠나 부부만이 갖는 돈독한 존재론과 운명론을 비교적 쉬운 시어로 기술했다는데 더욱 튼실한 의미를 가지겠다.

아내의 잔소리에
기가 차 웃었더니
웃는 모습 쳐다보던 아내
멋쩍어 하며 따라 웃는다

무안한 마음인지
얼굴에 피는 싱그러운 홍조
젊은날의 자태 새롭다

내 삶의 버팀목 되었을
그 애정 어린 잔소리

———「아내의 사랑법」 전문

참으로 맛있는 시이다. 부부는 마음과 뜻을 함께하는 필연의 공동체요 둘은 하나의 일체이다. 늘 서로 신뢰하고 존중 존경하지만 때로는 서슴없이 또는 아무런 속내 없이 대하는 언어로 가끔 본의 아니게 오해하거나 속상할 때가 있다. 이는 결코 서로 미워해서 그런 게 아니고 너무 가까이 하고 있다는 하나의 일체의 존재감이 하나의 간격이 없게끔 만들기 때문이다. 말하자면 서로를 보살피고 챙기면서도 아끼고 위한다는 것이 잔소리로 가끔 비쳐지는 것이다.

1연은 현재의 삶을 그대로 언급했다면 2연은 아내의 잔소리에 오히려 젊은날의 청순하고 수줍었던 아내를 생각하며 꿈과 이상을 펼치던 젊고 싱싱한 맑은 아내의 볼그레한 홍조를 생각하며 잠시 옛날을 상기하는 대목이 참으로 신선하고 참신하다. 부부애 특유의 정서sentiment의 개연성probable을 가지는 이 시의 3연은 〈내 삶의 버팀목 되었을/ 그 애정 어린 잔소리〉는 단연 압권이다.

1, 2연의 절묘한 마무리의 타이밍으로서 절대적인 요소를 거느리는 이 시 2행은 참으로 절귀이다. 칠순의 나이까지 함께 왔다면 때로는 서로 반목하던 시기도 있었으리라, 그러나 시인이 뒤돌아보면 어떤 힘든 시련과 고통, 만남을 극복하게

한 것은 결코 아내의 애정 어린 '그 잔소리' 때문이 아닌가 하는 대목에서 시인은 아내의 존재감과 자신의 인생에 버팀목이 되어 한결같이 내조한 아내의 한생애를 울먹이며 감읍하고 있는 것이 이 시의 백미이다.

어두운 곳에서 혹은 잘 보이지 않는 그늘에서 아내가 없었다면 현재의 자신의 삶은 참으로 아득하다고 소명하는 이 시는 시적 의미의 묘미를 극대화한 참으로 가편이다.

기다림에 지쳐
그리움 가득하네요

참을 수 없어
하하얀 들길 따라
멀고 먼 길 떠나려 채비합니다

지쳐 쓰러질지라도
아무도 원망하지 않으렵니다

눈 아프도록 헤매다가
설사 맹인이 될지라도
그리움 찾는 나그네처럼 당당하렵니다

행여 님 만난 기쁨에
가슴 터져 죽을지도 모릅니다

님 없이 산다는 건
겨울날 시린 돌덩이 같은
공허만 느끼는 기분일 테니까요

언제 어디서나
햇님 별님 마중하는 그곳으로
아무 소망 없이 편히 길을 놓으렵니다

――――「죽을지라도」 전문

한평생 하늘의 축복과 인연으로 탄생한 부부라도 언젠가 한 사람이 먼저 저 세상으로 떠나기 마련이다. 이는 참으로 슬프고 통곡할 일이지만 하나의 윤회론으로 어쩔 수 있으랴. 만고불변의 이치인 것을. 시인은 하나의 가상적 죽음을 마음속에 올려놓고 애절한 그리움과 못다한 사랑, 그리고 자신 이후의 존재감도 담담하게 애소하고 있다. 가슴 섬뜩한 표제어를 시적 화자를 거느린 수사와 묘사로 회자하는 시인의 훈훈한 가슴은 1930년대의 우리나라의 문예부흥기의 서정적 시인들의 수수한 사랑을 매개체로 한 정신적인 사랑인 꾸밈없는 그리움과 조건 없는 사랑의 실체를 보는 것 같다.

진솔한 사랑에 무슨 확대 해석이 필요하며 과장과 영탄적인 서술의 묘미가 무슨 뜻을 가질 것인가. 이 시는 하나의 지고한 순정을 아낌없이 상대방에게 주며 헌신하고 자신을 희생하는 의미를 함축하고 있다. 그리고 그 아프고 시린 통한의 여한을 4연에서 〈눈 아프도록 헤매다가/ 설사 맹인이 될지라도/ 그리움 찾는 나그네처럼 당당하렵니다〉고 자신의 통한의 절규를 님 먼저 보내는 아픔을 이 앙다물고 결코 울시 않으며 남은 생애를 당신을 기리며 살겠다는 눈물겨운 의지를 표명하고 있어 눈시울을 붉히게 하고 있다.

누구나 초연히 모든 것을 잊고 〈그리움 찾는 나그네처럼 당당하렵니다〉의 시행에서는 자못 결연한 의지까지 보이며 여태 함께 살아온 날들을 혹은 그 사랑 안에서 안주하며 살겠다는 굳은 의지를 결연한 감동으로 압축하여 우리의 심금을 울린다. 주제의 콘텐츠contents를 유화하는 일련의 시행들이 순수해서 더욱 호감을 높이고 있다.

그리고 맨마지막 연 〈언제 어디서나/ 햇님 별님 마중하는 그곳으로/ 아무 소망 없이 편히 길을 놓으렵니다〉는 이 세상을 다하고 언젠가 하늘나라로 가는 날까지 당신과 함께 만날 그 길을 놓으며 남은 생애를 다하는 날까지 살겠다는 의지를 굳게한 대목에 평소에 금술 좋은 부부의 한 단면을 보는 것 같아 우리 모두를 감격케 하는 압권의 시어들을 창출하고 있다.

저기 가는
저 나그네 같은 사나이

홀로 이 어깨가
한껏 무겁다

세상 온갖 시름
다 짊어진 듯한 그 어깨

처진 그 어깨 위에
세월의 애환이 묻어 있다

왠지, 이제 막
일흔이 된 듯한 그 사나이

혼자 걷는 모습의 여윈 어깨가
어쩌면 나의 자화상을 닮았구나

———「자화상」 전문

참으로 이병철 시인은 시적 화자를 거느리는 수사적 발상을 자유자재로 응용하는 폭넓은 혜안을 갖고 있다고 보아진다. 어렵고 힘든 시어들이 아니라도 자기 안에서 유효 적절히 도출되는 시어들을 재련 연마 가공하는 일련의 표현미는 참으로 일미이다. 창작기법이 그만치 유효하다는 뜻이다. 말하자면 자기류의 어떤 시의 형태나 기법과 기교를 시의 표제어마다 자유자재로 자신감 있게 용해하는 눈부신 역량을 가지고 있다고 보아진다.

홀로이 가는 나그네를 보고, 그리고 세상의 모든 시름을 다 짊어진 듯한 그 어깨를 보며 시인의 연대와 나이, 즉, 일흔쯤 된 자신의 자화상을 대비시키며 나그네와 자신을 동류의식 속에서 유추하고 있는 각별한 시론을 전개하고 있다.

사람은 누구나 나그네 아닌가. 힘들고 모진 시련과 어려운 감동적인 생활을 개척하며 사는, 그러나 아직도 넉넉지 못한 행복이 요원한 한 나그네의 인생길을 보며 동시대의 애환인 여러 목적의식과 상황적 인식을 대비시켜 보며, 맨마지막 연 〈혼자 걷는 모습의 여윈 어깨가/ 어쩌면 나의 자화상을 닮았구나〉에서 우리는 시인의 현재와 과거를 유추해 보며 더불어 함께하는 이 시대의 필부들의 삶을 동시에 들여다볼 수 있는 작은 역사도 지닌다.

이 시는 감각적인 시어 구사와 압축과 절제미 간결미와 아포리즘의 진수를 보는 것 같다. 시인이 느낌feeling에서 오는 영감inspiration을 이미지image로 연결시킨 탁월한 가편이라고 할 수 있겠다.

어제 얘기로 마음 아프고

내일 꿈꾸며 가슴 벅차하며

바다에 기대어 살 수밖에 없는
저, 순박한 사람들

저들의 사랑 하늘에 매여 있고
바다에 매여 있는 그들의 삶
어찌 외면하리, 차마 바다인들
오... 운명에 따르는 저들의 사랑과 삶

때로는 으르대는 바다
갯마을 슬픔 무겁고 깊게 하니
바다여,
너의 고약한 으르댐이 갯마을의
애환을 수장水葬하는 장송곡이냐
영혼 달래는 회심가더냐

갯바람이여
갈바람이야 거짓하고
바다를 물어뜯지 마라

갯마을의 사랑과 삶
사위지 않고
오래 불잉걸 될 수 있도록

———「갯마을 애환哀歡」 전문

기장에 삶의 터전을 갖고 있는 시인은 요즈음 일부 귀농현상이 적극적인 정부의 시책으로 호응을 받고 있는 가운데 '도시농업 전문가' 로 맹활약 중이다.

더구나 일흔 가까운 나이로 유수한 대학을 졸업한 신지식인으로 앞으로의 새로운 도시농업의 일취월장을 위해 노력중인 산증인이라 할 수 있겠다. 이 시는 노스탤지어nostalgia에 근거한 순박한 바다마을의 사람들의 애환을 그리고 있다. 어쩌면 남다른 고향사랑이 전연체를 압도하고 있는 것은 바다와 더불어 자연과 함께하는 농촌에 대한 사랑이라서 어촌의 번영과 영광을 위하여 천혜의 기운과 기후를 알맞게 골고루 주어 바다에 매여 있는 순박한 사람들에게 희망과 기대를, 그리고 이 세상과 더불어 하는 공존을 하소연하고 있다.

우선 첫연 〈어제 얘기로 마음 아프고/ 내일 꿈꾸며 가슴 벅차하며/ 바다에 기대어 살 수밖에 없는/ 저, 순박한 사람들〉은 매일 달리하는 어촌마을의 생활의 형평성과 내일을 희망하고 기대하기에는 아직도 너무나 황당한 현실이라는 가슴 아픈 하소에 어쩔 수 없이 바다만 믿고 사는 현장감을 여러 각도에서 재생시킨 메타포metaphor는 자못 눈부시다. 어쩌면 상징적인 직유시 같지만 회화적 요소와 의미적 요소가 함께하는 공감각적인 이미지화에 성공하고 있다.

언뜻 지역을 언급하고 있는 서사시적인 내용미도 가지는 것에 유의해 볼 필요도 있겠다.

그리고 맨끝 연 〈갯마을의 사랑과 삶/ 사위지 않고/ 오래 불잉걸 될 수 있도록〉에서 우리는 시인이 얼마나 자신의 터전인 마을을 사랑하고 자연과 함께하는 생의 가치와 존재감의 일치로 사랑과 발전적 미래를 기대하는 마을을 향한 이상적인 꿈을 명시적으로 거론하고 있는 대목에서 감탄하지 않을 수 없다.

골목길 돌아돌아
숨바꼭질하던 사랑
하늘 아래
하나 뿐인 사랑이라 생각지만
세월 가다 보면
누구나 다 하는 그런 사랑

'한 점 부끄럼 없는'
파랗다 못해 초록 사랑이라지만
아, 언젠가는
한 줄기 연기처럼
바람처럼 스러질 옛이야기

———「짝사랑이란」 전문

풍자satire와 해학humor의 시라 보면 되겠다. 어쩌면 서로의 심오한 깊이처럼 삼각관계의 사랑이라 다른 사람의 관심과 서로의 관계를 더욱 면밀히 한 선택의 기회를 웃머리에 놓은 짝사랑은 결국 지나고 보면 서로의 절대적인 의미와 존재부여를 가지지 못한 경쟁관계의 사랑으로 상징적인 낭만romantic으로 보통 한 시절 남녀간의 감성주의sentimentalism로 마감되는 보통적 사랑이야기일 것이다.

전반부와 후반부로 나뉜 이 시는 축소지향적인 의미를 독창적으로 결구짓고 있다. 말하자면 대단원의 일부를 군더더기나 난해성이 없는 평범한 시어를 동원하며 누구에게나 공감과 이해를 이끌어내는 시적 화법이 대중성을 지니고 있어 우선 호감이 간다. 1연은 명시적인 사랑을 변화variation와 친근감에 초점을 맞춘 것에 비하면, 2연은 전연에 흐르는 감성과 심성을 매개체로 한때 한 시절의, 못잊을 그런 사랑은 누구나 한번씩 겪는 젊은 날의 회고적 사랑을 열정과 마음의 정서에 기인하는 일반론으로 평이하게 마무리 짓고 있다. 곧 소멸되며 잊는 한 사랑의 이야기를 열거하면서, 곧 정신적인 온전한 사랑으로 이루어질 수 없는 순간적인 비약과 이미 잊힐 과거를 동시에 예시함으로써 전반부와 후반부의 균형을 정평처럼 이루고 있다.

1연과 2연을 대별시키며 각기 다른 공감각적 이미지로 탄력적 수사미로 의미적 요소로 결구 짓고 있는 시인의 시적 기교는 어쩌면 이 시의 품격을 높이는 데 일면 기여했다고 보여진다.

고개 숙여 걷는 저 젊은이
손 찌른 호주머니 속에
무슨 생각이

한눈 팔며 걷는 저 아낙네
어깨에 걸린 가방 속에
무슨 생각이

힘없이 걷는 저 늙은이
처진 어깨엔
무슨 생각이

일상日常의 고달픔에
동전 한 닢의 그리운
눈물 젖은 외로움일까

긴 하품 단내나는 이 하루
나의 손은 어디쯤 헤매고 있는가

———「빈자貧者의 고독」 전문

어쩌면 고독과 쓸쓸함 그리고 외로움을 변형하여 시인은 빈자貧者로 표제어를 정리한 것 같다. 가난과 빈한한 그 마음의 절대적 요소를 마치 스케치하듯 몇 가지 유형에 의미를 불어넣어 단번에 자신의 우울과 심려와 고민을 함께 대비시킨 놀라운 효과창출을 기하고 있다.

1연에 젊은이를 도입시킨 것과 2연에 아낙네를 도입시킨 성별 균형과 3연에 늙은이를 대비시킨 나이의식을 함께 접목함으로써 시적감각과 주제에 담긴 시적의미를 소재를 나누어 대별시켜 의미적 요소로 환원시킨 창의력은 참으로 압권이며 인물들의 배경 설정과 전개는 가히 눈부시다. 어떤 시인은 시를 일컬어 인간의 행동을 표현하는 최고의 문학이라고 했다. 보라.

1~3연의 결구에 〈무슨 생각이〉를 세 차례 강조하면서 차별화한 속뜻을 숨겨 두고 다른 것으로 의미를 빗대어 서로의 상관관계를 이끈 풍유법allegory를 도입한 것은 이 시의 상징성의 높이를 더하고 있다.

그리고 이 시의 화두는 단연 4연이다. 〈일상日常의 고달픔에/ 동전 한 닢의 그리운/ 눈물 젖은 외로움일까〉는 결국 돈을 표징하는 것이 아니라 그 어떤 긴요한 무엇이 각각 필요한 암시적 효과를, 흔히 우리들이 생활하면서 해결책으로 제시하는 돈을 명징지은 것은 대단한 효과적 발상이다.

자, 이제 마지막 5연에서 시인의 고백은 단연 빛난다. 앞에 서술한 모든 시적 서술을 의미하고 정리하는 〈긴 하품 단내나는 이 하루/ 나의 손은 어디쯤 헤매고 있는가〉. 그렇다. 어쩌면 힘든 순간을 살고 있는 시인의 복잡다단한 일상에서 시인은 확연한 방황적 방향을 잡지 못하고 안정치 못한 마음과 정서를 하소연하고 있는 이 시적 영감과 암시성은 앞의 시구를 아우르는 동일성과-동질성-연관성-소통으로 이루어지는 대단원의 종결인 것이다. 〈나의 손은 어디쯤 헤매고 있는가〉 그 의미를 다시 한번 마음 안에 새겨볼 절구이다.

이병철 시인의 시는 전연체를 압도하고 있는 서정성이 시의 근본과 상징성을 유지하고 있다. 요즈음 대부분의 시인이 생활시를 유지하며 일맥 서정성을 접목시켜 시의 전모를 채색하는 것과는 달리 시의 뿌리의 근간을 일정한 수준의 높이에서 우리 고유의 서정적 바탕을 전제로 현실과 옛것을 복원하려는 새로운 시의 원형을 만들어 가고 있는 시인에 우선 찬사를 보낸다.

여러 형식의 서정시를 일별해 보며 그가 지니는 감각적인 구상과 현대시를 접목하며 새로운 서정적 발아의 공존을 의미하는 각별한 시도는 앞으로 그의 크나큰 목적의식으로 새로운 서정시인으로서 많은 독자들로부터 각별한 사랑을 받을 것임은 자명한 일일 것이다.

이 도서의 국립중앙도서관 출판예정도서목록(CIP)은 서지정보유통지원시스템 홈페이지(http://seoji.nl.go.kr)와 국가자료공동목록시스템(http://www.nl.go.kr/kolisnet)에서 이용하실 수 있습니다.(CIP제어번호: CIP2016013242)

이병철 시집

아직도 곱상한 당신

인쇄일 | 2016년 6월 1일
발행일 | 2016년 6월 8일
지은이 | 이병철
펴낸이 | 최장락
펴낸곳 | 도서출판 푸름사
주　소 | 부산광역시 부산진구 부전로 35, 301호(부전동, 삼성빌딩)
전화 : (051)805-8002 팩스 : (051)805-8045
이메일 : doosoncomm@daum.net
출판등록 제329-2009-000010호

값 10,000원

ISBN 978-89-94839-15-8 03810